Siegfried Keusch

Erfolg ist wie guter Sex

Siegfried Keusch

Erfolg ist wie guter Sex

130 Erfolgsformeln für Unternehmer,

Führungskräfte und Mitarbeiter

Bibliografische Information der Deutschen Nationalbibliothek: Die Deutsche Nationalbibliothek verzeichnet diese Publikation in der Deutschen Nationalbibliografie; detaillierte bibliografische Daten sind im Internet über dnb.dnb.de abrufbar.

© 2016 Siegfried Keusch www.siegfriedkeusch.at

Redaktion und Lektorat: Melanie Knünz, www.text-quell.at
Satz und Umschlag: Maria Strobl, www.gestro.at
Herstellung und Verlag: BoD – Books on Demand, Norderstedt

ISBN 978-3-7392-2669-9

Inhalt

Vorwort: Erfolg ist wie guter Sex –
euphorisiert und macht süchtig | 7

Erfolgsformeln für das tägliche Berufsleben | 9

Erfolgsformeln für Unternehmer und Führungskräfte | 61

Erfolgsformeln für Mitarbeiter | 109

Nachwort | 147

Vorwort

Erfolg ist wie guter Sex – euphorisiert und macht süchtig

Hattest du auch schon mal so richtig guten Sex? Das fühlt sich doch unglaublich gut an, oder? Wer möchte nicht unbedingt mehr von dem, das die Glückshormone nur so sprudeln lässt, das euphorisch macht und ein breites Grinsen ins Gesicht zaubert? Bei Erfolg ist es genauso. Hat man ihn erst einmal, dann riecht man die Lunte, möchte mehr und mehr. Erfolg ist wie eine Droge, die süchtig macht. Erfolg verleiht Flügel, spendet Motivation, macht uns leistungsfähiger, Erfolg ist gut für die Seele, in gesundem Ausmaß auch für die Gesundheit, Erfolg macht uns einfach glücklich.

Viele Führungskräfte, Unternehmer und Manager, aber auch jeder Arbeitnehmer wird sich nun fragen: Woher nehme ich neben all den verpflichtenden Aufgaben im Berufsalltag die Zeit für Karriere und Erfolg? Wann soll ich mich um die eigene Karriere, den eigenen Erfolg kümmern? Wie soll ich erfolgreich werden und es dann auch bleiben?

Die Lösung ist simpel: Im täglichen Arbeitsalltag lassen sich ohne viel Aufwand viele verschiedene Elemente einbauen, die dich zum Erfolg führen. Dieses Buch gibt dir dafür zahlreiche Beispiele an die Hand. Es enthält Erfolgsformeln für deine Karriere als Mitarbeiter, aber auch als Führungskraft: Wenn du richtig durchstarten willst, dann achte auf jede einzelne Erfolgsformel. Je mehr du von diesen Erfolgsformeln in deinem Alltag umsetzt und ausprobierst, desto größer wird dein Erfolg sein.

Die Erfolgsformeln sind gegliedert in Erfolgsformeln für das tägliche Berufsleben, für Unternehmer und Führungskräfte sowie für Mitarbeiter – so findet jeder die tägliche gewinnbringende und motivierende Quintessenz für den persönlichen Erfolg.

Erfolgsformeln
für das tägliche Berufsleben

»Sei stolz auf das,
was du erreicht hast, und fokussiere bereits
dein nächstes Ziel.«

»Lerne, dich durchzusetzen,
und bleib standhaft.«

» Jeder Rückschlag ist ein Geschenk, um zu lernen. «

》 Lerne durch Schmerz oder durch Erfahrung, aber lerne konstant. 《

» Alles Positive und Negative kommt im Leben zurück: Sorge also für mehr Positives in deinem Leben. «

》 Glaube an Gerechtigkeit.
Gerechtigkeit siegt über lange Zeit immer. 《

»Verdiene dir mit harter Arbeit Respekt.«

» Du brauchst ein Ziel, eine Vision, um weiterzukommen. «

» Du musst über deine Grenzen gehen,

damit du Dinge erreichst,

die andere nie erreichen. «

》 Wenn du etwas wirklich willst, von ganzem Herzen, dann kannst du alles erreichen. 《

»Der – beharrliche und fokussierte – Wille versetzt Berge.«

>> Abgedroschen, aber immer noch wahr: Ohne Fleiß kein Preis. <<

》 Die richtigen Entscheidungen kannst nur du treffen. Höre auf deinen Bauch und deinen Instinkt – nicht auf andere. 《

》 Gehe unbeirrt deinen Weg.
Denn nur du kennst dein Ziel
am besten. 《

»Denk groß, und wenn das nicht reicht, denk größer.«

»Hab Mut zur Langsamkeit.«

》Schaff einen guten Mix
aus Bewahren und Verändern.《

》 Gewinnmaximierung ist nur durch Maximierung von Know-how möglich – vom Mitarbeiter bis zur Führungskraft. 《

》 Tätige keine Kurzschlusshandlungen,
sondern denk langfristig. 《

》 Schaff dir einen Rückzugsort, wo du dich wohlfühlst und in kritischen Situationen nachdenken und entspannen kannst. 《

》 Präsent zu sein ist ein Schlüssel für nachhaltigen Erfolg. 《

》 Entwicklung braucht Zeit.
Wenn der Job schneller wächst als du,
wirst du nicht erfolgreich sein. 《

》Bleib in deinem Denken flexibel und bleib offen für Neues.《

》Sei den anderen immer einen Schritt voraus und lege ein höheres Engagement als sie an den Tag.《

》Lerne von den Besten.《

》Zeig Respekt gegenüber älteren Menschen – du kannst von ihrem Wissen nur profitieren.《

》Sei immer ein Vorbild in allem, was du tust.《

》Was du nicht willst, das man dir tut, das füg auch keinem andern zu.《

» Wenn du etwas beginnst,
dann beende es auch. «

》Lerne mit Rückschlägen umzugehen und darauf adäquat zu reagieren.《

»Zeig Charakter und verschaff dir Respekt.«

» Die wirklich erfolgreichen Menschen reden nicht über Ergebnisse, sondern erbringen sie. «

»Je höher die Verantwortung,
desto mehr Demut solltest du zeigen.«

》 Du brauchst eine Positionierung deiner Person, um erfolgreich zu sein. 《

»Deinen Erfolg kannst du an der Anzahl deiner Neider messen.«

》 Bau dir Vertrauensorganisationen auf.
Sie überwinden Hierarchien und optimieren
die Organisation. 《

》 Mache nichts ohne Ergebnis – habe immer ein konkretes Ergebnis vor Augen. 《

》Hab immer dein Ziel vor Augen, sonst vergeudest du deine Energie.《

» Akzeptiere bei großen Veränderungen, dass du vorübergehend womöglich unproduktiv bist und das Gefühl hast, nicht zeitgerecht dein Ziel zu erreichen. Es lohnt sich. «

》Lieber grob richtig, als exakt falsch.《

»Was nutzt die beste Idee, wenn keine Taten folgen?«

» Sei kühn, setz jedoch nicht alles auf einen Karte. «

》 Schwelge nie zur sehr im Triumph eines Erfolges, sondern zeige Demut vor vernünftigen, verantwortungsvollen Aufgaben. 《

》 Die Besten der Besten machen nicht Benchmarking, sondern Benchbraking. Sie machen sich ihre eigenen Regeln. 《

Schaff Klarheit, in allem, was du tust. ⟪

》 Wenn das Ziel feststeht,
ist die Konsequenz am wichtigsten. 《

》Bleib permanent in Bewegung –
geistig und körperlich!《

» Es ist notwendig, seine Annahmen laufend zu hinterfragen. «

》Wer sich nicht selbst gestaltet, wird fremdgestaltet.《

》 Triff Entscheidungen und sei kein Weichei. Du hast immerhin eine 50:50-Chance auf Erfolg. 《

Erfolgsformeln
für Unternehmer und Führungskräfte

》 Menschen wollen geführt werden.
Handle als Führungskraft auch so. 《

》Starke Führungskräfte setzen sich auf Dauer durch.《

» Vorbilder sind wichtig, um sich weiterzuentwickeln. «

》 Es ist relativ einfach, eine Führungskraft zu sein, wenn es gut läuft. Wenn jedoch Probleme auftauchen, zeigt sich der wahre Charakter einer guten Führungskraft. 《

»Der Mensch, die Führungskraft macht den Unterschied zum Unterschied aus.«

》Top-Manager müssen wissen, wohin sie wollen.《

》Nicht Profitabilität und Rentabilität, sondern der Mensch soll im Mittelpunkt stehen.《

》Erstklassige Führungskräfte haben erstklassige Mitarbeiter, zweitklassige Führungskräfte haben drittklassige Mitarbeiter.《

》Ein Unternehmen sollte sein Schicksal in die Hände seiner Mitarbeiter legen.《

》 Das Ergebnis von perfekter Menschenführung spiegelt sich in den betriebswirtschaftlichen Ergebnissen wider. 《

》 Es sind die Wiederholungstäter (z. B. ständig auftauchende Kosten), die ein Unternehmen auf lange Sicht umbringen. 《

» Hör auf, Mitarbeiter ständig zu kontrollieren, die Top-Ergebnisse abliefern. Schenke ihnen Vertrauen, es sind immerhin deine besten Leute. Kontrolle ist teuer und Vertrauen schafft Vertrauen. «

》 Vertrau auf das Pflichtbewusstsein deines Teams bezüglich Arbeitszeiten und Arbeitspensum. Vermittle deinen Mitarbeitern das Gefühl, gleichwertige Partner zu sein. 《

》 Werde zum Vorbild für andere Unternehmer: Gleiche Qualifikation bedeutet gleiche Entlohnung für Mann und Frau. Gleichberechtigung macht Unternehmen erfolgreich. 《

》 Achte ganz besonders darauf, wem du Verantwortung über Mitarbeiter anvertraust. Eine richtige Personalentscheidung kann dir helfen, noch erfolgreicher zu werden. 《

» Schenke Hoffnung und Selbstvertrauen in jeder Situation – und sei sie noch so erschütternd. «

》 Bleib per „Sie" mit deinen Mitarbeitern und schaff dir über lange Zeit Distanz. Fraternisierung macht dich langfristig nicht erfolgreich. 《

» So hart es ist: Im Management hast du keine Freunde und bekommst auch keinen Dank. «

》 Überfordere deine Mitarbeiter nicht ständig, aber unterfordere sie auch nicht. 《

》 Nimm deine Führungsaufgaben täglich wahr. 《

》 Schaff es, dass deine Mitarbeiter nicht für das Unternehmen arbeiten, sondern für dich. Wenn du das erreichst, gehen sie für dich durchs Feuer. 《

» Lobe, wenn du jemanden erwischt, der etwas gut macht. «

》 Stell dich vor deine Mitarbeiter, wenn sie Fehler gemacht haben, und baue sie wieder auf. 《

》Lerne von der Basis, um deine Mitarbeiter besser zu verstehen.《

»Verabschiede dich von Hierarchien und orientiere dich in Richtung Demokratisierung und Eigenverantwortung.«

》Führe mit Sinn
und verständlichen Werten.《

»Als Führungskraft musst du nicht geliebt, sondern respektiert werden.«

》 Such dir einen Mentor, um dich weiterzuentwickeln, und baue in deinem Unternehmen ein Mentorenprogramm auf. Wie sollen die Unerfahrenen denn sonst lernen? 《

》Zeig ehrliche Wertschätzung, wann immer sie angebracht ist.《

》 Sorge für Momente im Leben deiner Mitarbeiter, in denen sie stolz sein können, und gib ihnen das Gefühl, Teil des Ganzen zu sein. 《

》 Du kannst Mitarbeiter mit Worten zerstören oder sie aufbauen und motivieren. 《

》 Wenn deine Mitarbeiter einen guten Job machen, dann sag ihnen das auch – in wohlwollenden, motivierenden Worten. 《

》 Sieh deine Mitarbeiter als Ressource und Schatz und behandle sie dementsprechend.《

》Sei konkret in deinen Anweisungen für die Mitarbeiter.《

》 Leg deinen Mitarbeitern nichts in den Weg, wenn sie Karriere machen können, sondern fördere sie. 《

》 Lass den Kontrollwahn hinter dir und schaff stattdessen eine Vertrauenskultur. 《

》 Denke daran, dass es noch viele leere Nischen gibt, die sehr gute Chancen auf Erfolg bieten. 《

》 Baue langfristige Kundenbeziehungen auf – keine kurzfristigen Kontakte. 《

》Schaff dir ein Unternehmen

mit Werten. 《

》 Trau dich, dich zu Beginn einer großen Aufgabe unbeliebt zu machen – aber beharrlich musst du bleiben. 《

» Begreife die Konsequenz des Wandels als Chance – für dich selbst, aber auch für das Unternehmen. «

》Du als Führungskraft schaffst Kultur.

Die Kultur, die du vorlebst,

wird nachgeahmt. 《

》 Zeige ehrliche Wertschätzung, wenn sie angebracht ist. 《

»Zeig Anteilnahme,
wo es notwendig ist.«

》 Gehe respektvoll und professionell mit deinen Mitarbeitern um und nütze Synergien. 《

Erfolgsformeln
für Mitarbeiter

》Jede Beförderung bedeutet gleichzeitig auch mehr Verantwortung und größere Probleme. Wachse daran.《

》 Sonderleistungen ohne Bezahlungen gefallen nicht nur dem Chef, sondern fördern auch deine Karriere. 《

»Denk zu Beginn deiner Karriere nicht an das Gehalt.«

» Merk dir: Du arbeitest nicht in der Firma, sondern stets an der Firma. Dieses gemeinsame Verständnis ist das A & O für nachhaltige Unternehmen. «

» Dein Kunde sollte dein wichtigster Chef sein: Bemühe dich stets um deine Kundschaft, denn sie ist die Zukunft des Unternehmens. «

Werde nie zum Söldner deines Chefs.

》Bewahre dir eine kindliche Neugier nach allem Neuen.《

》 Kopieren ist erlaubt: Nimm von jeder Führungskraft das Beste mit. 《

》Erkenne deine Talente und Stärken und fördere sie.《

》Tue mehr als andere –
mehr vom Guten.《

》Die richtigen Menschen zur richtigen Zeit kennenzulernen, hilft dir, deine Karriere zu beschleunigen – sei also offen für jegliche zwischenmenschliche Begegnung.《

》Denk immer daran: Nur ein tolles Team macht dich erfolgreich.《

》Du musst Menschen begeistern und inspirieren können. Sei selbst begeisternd und inspirierend, sei ein Vorbild.《

》Baue dir Netzwerke und Kollaborationen auf und nütze sie.《

》 Achte ganz besonders auf deinen guten Ruf, auf deine Reputation. 《

》 Mach dir in deinem Unternehmen einen Namen. Mach eine Marke aus dir. 《

»Sei deinem Unternehmen gegenüber immer loyal.«

>> Denk daran: Ohne Ziele kein Erfolg. <<

>> Belohne dich selbst, wenn du ein tolles Ziel erreicht hast. <<

》Feier deine Erfolge mit deinen Kollegen und deinen Freunden.《

》 Bring Spaß in deinen Arbeitsalltag. Wer viel lacht, dem gehen schwierige Arbeiten leichter von der Hand. 《

》 Behalte das große Ganze im Blick und verliere dich nicht in kleinen Details. 《

》Setz dir klare Deadlines,
bis wann du welche Arbeiten erledigt
haben möchtest.《

》 Erstelle To-do-Listen und unterschätze niemals die aufschieberitislindernde Wirkung einer banalen To-do-Liste. Wenn du etwas erfolgreich erledigt hast, streiche den Punkt durch. Das motiviert ungemein. 《

》 Optimiere jeden Tag deine Selbstorganisation, damit genügend Zeit für die wichtigen Dinge bleibt. Denk immer daran, dass die Bewältigung von herausfordernden Aufgaben dich langfristig erfolgreich macht. 《

》 Sorg dich um ein perfektes Zeitmanagement und selektiere jeden Tag, was deine wichtigsten und dringendsten Aufgaben sind. 《

》 Es gibt nur zwei Wege etwas zu tun: entweder ganz oder gar nicht. 《

》Stell während der Arbeit persönliche Dinge hintan.《

» Wenn du einmal down bist, denk an etwas, was dir gut gelungen ist. Das wird dich wieder aufbauen und motivieren. «

» Mach Pause, wenn du müde wirst. Nur in erholtem Zustand sind Spitzenleistungen möglich. «

》 Achte darauf, dass nach jeder Anspannungsphase eine Entspannungsphase folgt.《

》 Mach Sport, um physisch fit zu bleiben. Top-Fitness steigert deine geistige und körperliche Leistungsfähigkeit im Beruf. Deine Akkus müssen voll sein, um berufliche Bestleistungen zu erbringen. 《

》 Achte auf deinen psychischen Zustand. Vermeide Distress, also Stress, der dir deine Energie raubt. 《

》 Vermeide Energievampire in deinem Umfeld. Sie ziehen dich nur runter. Umgib dich stattdessen mit positiven Menschen. 《

》 Lass Persönliches bei der Arbeit zu. Wer sich am Arbeitsplatz wohlfühlt, handelt nachhaltig für die eigene gesunde Entwicklung und für die des Unternehmens. 《

Nachwort

Mit diesen Erfolgsformeln konnte ich dir hoffentlich zahlreiche Möglichkeiten aufzeigen, wie du es in deinem Unternehmen zum persönlichen Erfolg schaffst – wie auch immer du Erfolg für dich definierst. Aber nicht nur Mitarbeiter und Führungskräfte können von meinem Wissen profitieren. Ich helfe auch dabei, ganze Unternehmen auf Erfolgsschiene zu bringen. Als Querdenker und Praktiker führe ich Unternehmen hin zum Wohlfühlunternehmen, das den Mitarbeiter als Ressource in den Mittelpunkt stellt. Ich zeige Unternehmen, wie sie zu den besten Arbeitgebern werden und damit hervorragende, hochmotivierte Fachkräfte an Land ziehen.

Mehr über mich als Vortragender und Impulsgeber für Unternehmen gibt es hier: www.siegfriedkeusch.at

Weitere Bücher von Siegfried Keusch

60 mitreißende Impulse für erfolgreiches Führen
Mitarbeiter emotionalisieren. Werte authentisch vorleben.
Gesund und nachhaltig motivieren.

104 Seiten, Hardcover
ISBN 978-3-7347-7342-6
EUR 14,99
E-Book EUR 9,99

100 starke Schritte zum Wohlfühlunternehmen
Für die Zukunft rüsten. Das Unternehmen stärken.
Gesund führen.

140 Seiten, Hardcover
ISBN 978-3-7357-9120-7
EUR 14,99
E-Book EUR 9,99

70 Magic Moments für begeisterte Mitarbeiter
Menschen inspirieren. Knowhow-Träger halten.
Ein attraktiver Arbeitgeber sein.

120 Seiten, Hardcover
ISBN 978-3-7347-7172-9
EUR 14,99
E-Book EUR 9,99